Alexander Puschkin

Pique-Dame

Erzählung

dtv

Die Taschenbibliothek

Aus dem Russischen übersetzt
von Fred Ottow.

Ungekürzte Ausgabe

Juni 1996
Deutscher Taschenbuch Verlag GmbH & Co. KG,
München

Umschlaggestaltung: Balk & Brumshagen
Umschlagbild: Ausschnitt des Gemäldes
›Porträt von Leonid Andrejew‹ von Ilja Repin
Satz: IBV Satz- und Datentechnik, Berlin
Druck und Bindung: C. H. Beck'sche Buchdruckerei,
Nördlingen
Printed in Germany · ISBN 3-423-08335-2

Pique-Dame

Pique-Dame bedeutet
heimliche Rachsucht.

Aus dem neuesten Orakelbuch

I

Und wird es herbstlich und regnerisch,
Verbringt man die Nächte am Kartentisch,
Gott sei's geklagt!
Mal wird verloren, mal wird gewonnen,
Und manchem Leichtfuß ist alles zerronnen,
Noch ehe es tagt.
Die Bank wird gehalten, es wird gejeut,
Der Einsatz von Stunde zu Stunde erhöht,
Nichts ist zuviel.
So schwinden Wochen und Monate hin,
Folgen einander ohne Inhalt und Sinn –
Das Leben ist Spiel.

Rylejew

Beim Gardechevalier Narumow spielte man Karten. Die lange Winternacht verging, ohne daß es jemand merkte. Erst um fünf Uhr morgens wurde zu Abend gegessen. Die Gewinner speisten mit großem Appetit, die anderen dagegen saßen zerstreut und geistesabwesend vor ihren unbenutzten Tellern. Aber als die Sektgläser gefüllt wurden, belebte sich das Gespräch, und auch die Verlierer beteiligten sich angeregt daran. »Wie ist es denn dir ergangen, Surin?« fragte der Hausherr.

»Habe verloren, wie gewöhnlich. Ich bin eben ein richtiger Pechvogel: ich spiele vorsichtig, werde niemals hitzig, bin nicht so leicht aus der Fassung zu bringen und verliere trotzdem regelmäßig.«

»Und du ließest dich tatsächlich noch nie zu einem Wagnis verleiten, hast kein einziges Mal alles auf eine Karte gesetzt? Wahrhaftig, ich bewundere deine Selbstbeherrschung.«

»Aber wie denkt ihr über Hermann?« sagte einer der Gäste und zeigte auf einen jungen Pionieroffizier. »Er hat sein Leben lang noch keine Karte in die Hand genommen, noch nie Paroli geboten und sitzt dennoch bis fünf Uhr morgens da und beobachtet unser Spiel.«

»Ja, es interessiert mich sehr«, erwiderte Hermann, »aber ich bin einfach nicht in der Lage, daß ich das, was ich für meinen Lebensunterhalt nötig habe, in der Hoffnung riskiere, mehr zu gewinnen, als ich unbedingt brauche.«

»Das erklärt sich leicht damit, daß Hermann ein berechnender Deutscher ist«, bemerkte Tomskij. »Aber wenn ich jemanden überhaupt nicht verstehen kann, dann ist es meine Großmutter, die Gräfin Anna Fedotowna.«

»Wieso? Warum?« riefen die Gäste.

»Ich kann nicht dahinterkommen«, fuhr Tomskij fort, »aus welchem Grunde meine Großmutter nicht spielt.«

»Was ist dabei so verwunderlich, daß eine Achtzigjährige nicht spielt?« fragte Narumow.

»Sie wissen also wirklich nichts von der Alten?« erkundigte sich der andere.

»Nein, nicht das geringste!« antwortete die Tafelrunde.

»Nun, dann hören Sie zu: Es ist jetzt etwa sechzig Jahre her, daß meine Großmutter sich in Paris aufhielt, wo sie großes Aufsehen erregte. Alle Welt ließ sich bei ihr einführen, um la Venus moscovite kennenzulernen. Selbst Richelieu machte ihr den Hof, und meine Großmutter versichert, daß ihre Grausamkeit ihn beinahe zum Selbstmord getrieben habe. Damals pflegten die Damen Pharao zu spielen, und einmal hatte sie bei Hof eine sehr beträchtliche Summe an den Herzog von Orleans verloren. Als sie nach Hause kam, entfernte sie die Schönheitspflästerchen aus dem Gesicht, legte ihr Fichu ab, beichtete dem Großvater ihren Spielverlust und verlangte von ihm kategorisch die Bezahlung ihrer Schuld. Der Großvater war, soviel ich weiß, eine Art Haushofmeister seiner Frau. Er fürchtete sie wie das Feuer, doch als er hörte, daß sie eine so ungeheure Summe verloren hatte, geriet er außer sich. Er legte ihr eine Menge Rechnungen vor, bewies ihr, daß er im Laufe von sechs Monaten bereits eine halbe Million ausgegeben hatte, machte ihr klar, daß sie bei Paris nicht über Besitzungen verfüge wie bei Moskau und Saratow, und weigerte sich rundweg, ihre Schuld an den Herzog zu bezahlen. Die Großmutter ohrfeigte ihn und legte sich allein zu Bett: ein Zeichen ihrer höchsten Ungnade. Am andern Tag ließ sie ihren Mann rufen in der Hoffnung, daß die eheliche Strafe ihre Wirkung auf ihn nicht verfehlt habe, fand ihn aber unerschütterlich. Zum erstenmal in ihrem Leben kam es zu heftigen Auseinandersetzungen mit ihm. Sie versuchte ihn gefügig zu machen, indem sie ihm hochfahrend erklärte, daß Schulden und Schulden zweierlei seien und daß zwischen einem Prinzen und einem Stallknecht ein Unterschied bestehe. Vergebens! Der Großvater blieb hartnäckig bei seiner Weigerung. Die Großmutter wußte nicht, was sie tun sollte.

Nun kannte sie seit einiger Zeit einen sehr bemerkenswerten Menschen. Sie haben gewiß von dem

Grafen Saint Germain gehört, von dem man soviel Erstaunliches erzählt? Er gab sich bekanntlich für den Ewigen Juden aus, für den Entdecker des Lebenselixiers und des Steins der Weisen. Man nahm ihn nicht ernst; man hielt ihn für einen Scharlatan, und Casanova behauptet in seinen Memoiren sogar, er sei ein Spion gewesen. Übrigens sah er trotz seines geheimnisvollen, undurchsichtigen Wesens sehr achtbar und vertrauenswürdig aus und war ein ausnehmend liebenswürdiger Gesellschafter. Meine Großmutter verehrt ihn auch heute noch und gerät in Zorn, wenn man sich verächtlich über ihn äußert. Sie wußte, daß Saint Germain große Summen zur Verfügung standen, und beschloß, sich an ihn zu wenden. Sie schickte ihm ein Billett und bat ihn, unverzüglich zu ihr zu kommen, was er auch tat. Er fand sie in tiefster Depression und ließ sich den Grund ihrer Kümmernisse erzählen. Sie schilderte ihm in den schwärzesten Farben die Barbarei ihres Mannes und sagte zum Schluß, daß sie ihre letzte Hoffnung auf seine Freundschaft und Hilfsbereitschaft setze.

Saint Germain dachte eine Weile nach.

›Ich könnte Ihnen mit der benötigten Summe aushelfen‹, sagte er endlich, ›aber ich weiß, daß ich Ihnen damit, solange Sie meine Schuldnerin bleiben müssen, keinen Dienst erweisen, sondern bloß neue Ungelegenheiten bereiten würde. Es gibt jedoch ein anderes Mittel: Sie können Ihre Verluste im Spiel wieder wettmachen.‹

›Aber ich sage Ihnen doch, lieber Graf‹, antwortete meine Großmutter, ›daß wir keinen roten Heller mehr haben.‹

›Das ist auch nicht nötig‹, erwiderte Saint Germain, ›ich bitte Sie, mich anzuhören.‹

Und dann weihte er sie in ein Geheimnis ein, für das uns allen kein Preis zu hoch gewesen wäre...«

Narumow und seine Gäste hatten mit wachsender Spannung zugehört. Tomskij setzte seine Pfeife in Brand, lehnte sich zurück und erzählte weiter: »Am selben Abend noch fuhr meine Großmutter nach Versailles ›au jeu de la Reine‹. Der Herzog von Orleans hielt die Bank. Die Großmutter entschuldigte sich leichthin, daß sie ihm das geschuldete Geld nicht gleich mitgebracht habe, erfand zu ihrer Rechtfertigung ein harmloses Geschichtchen und begann gegen ihn zu setzen. Sie wählte drei Karten, setzte mit Erfolg auf alle drei hintereinander und war ihre Schulden los.«

»Zufall!« sagte einer der Gäste.

»Märchen!« meinte Hermann.

»Gezinkte Karten?« argwöhnte ein dritter.

»Glaube ich nicht«, antwortete Tomskij überzeugt.

»Wie«, fragte Narumow, »du hast deine Großmutter, die drei Gewinnkarten nacheinander zieht, und bist bis heute noch nicht hinter ihre Schliche gekommen?«

»Nein, zum Teufel«, erwiderte Tomskij, »sie hatte vier Söhne, einer davon war mein Vater – alle vier verzweifelte Hasardeure, aber keinem von ihnen vertraute sie ihr Geheimnis an, obgleich es ihnen und ebenso mir von großem Nutzen gewesen wäre. Doch mein Onkel, Graf Ilja Iljitsch, hat mir folgendes erzählt und geschworen, daß es die reine Wahrheit sei: Der verstorbene Tschaplitzkij, derselbe, der einst vielfacher Millionär gewesen war und dennoch als Bettler starb, hatte einmal in seiner Jugend, wenn ich nicht irre an Soritsch, dreihunderttausend Rubel verloren. Er war verzweifelt. Die Großmutter, sonst von unnachgiebiger Strenge gegenüber leichtsinnigen jungen Leuten, bekam plötzlich Mitleid mit Tschaplitzkij. Sie steckte ihm die Karten zu, auf die er setzen solle, verlangte aber zugleich sein Ehrenwort, daß er niemals wieder spielen werde. Tschaplitzkij tat, wie sie ihm geraten hatte. Er begab sich zu seinem Gläubiger, und das Spiel begann. Tschaplitzkij setzte auf die erste Karte fünfzigtausend und gewann. Bei der zweiten und dritten verdreifachte er den Einsatz und gewann jedesmal, so daß er schließlich nicht nur seinen Verlust wettgemacht hatte, sondern noch eine beträchtliche Summe darüber einstecken konnte... Aber wie ich sehe, meine Herren, wird es gleich sechs Uhr schlagen – es ist also höchste Zeit, schlafen zu gehen!«

In der Tat dämmerte es schon. Die jungen Leute tranken ihre Gläser leer und gingen auseinander.

2

»Il parait que monsieur est décidément pour les suivantes.«
»Que voulez vous, madame? Elles sont plus fraîches.«
Aus einem mondänen Gespräch

Die alte Gräfin... saß in ihrem Ankleidezimmer vor dem Spiegel. Drei Kammerzofen waren um sie bemüht. Eine hielt ein Schminktöpfchen bereit, eine andre eine Schachtel mit Haarnadeln, die dritte eine hohe Haube mit feuerfarbenen Bändern. Obgleich von der ehemaligen Schönheit der Gräfin nichts mehr übriggeblieben war, hielt die alte Dame eisern an den Gewohnheiten ihrer Jugend fest. Sie kleidete sich noch immer nach der Mode des ausgehenden achtzehnten Jahrhunderts und machte genauso lange und umständlich Toilette wie vor sechzig Jahren.

Am Fenster saß vor dem Stickrahmen ein junges Mädchen, das die Gräfin erzogen hatte.

»Guten Morgen, grandmaman, bonjour, Mademoiselle Lise«, sagte ein junger Mann, der das Zimmer betrat. »Grandmaman, ich komme zu Ihnen mit einer Bitte.«

»Worum handelt es sich denn, Paul?«

»Gestatten Sie, daß ich Ihnen einen meiner Kameraden vorstelle und ihn am Freitag zum Ball mitbringe?«

»Bring ihn nur direkt auf den Ball mit und stell ihn mir dort vor. Warst du gestern bei den...?«

»Natürlich! Es war sehr unterhaltend. Man tanzte bis fünf Uhr morgens. Wie reizend war doch die Jelezkaja!«

»Ach, mein Lieber, was ist denn so hübsch an ihr? Ja, ihre Großmutter, die Fürstin Darja Petrowna – das war wirklich eine Schönheit... übrigens ist sie stark gealtert, die Fürstin Darja Petrowna.«

»Wieso gealtert?« fragte Tomskij zerstreut. »Sie ist ja schon seit sieben Jahren tot.«

Das Mädchen am Fenster hob den Kopf und machte dem jungen Mann ein Zeichen. Da erst fiel ihm ein, daß man der alten Gräfin die Todesfälle unter ihren Altersgenossinnen verschweigen mußte. Er biß sich auf die Lippen, aber die Gräfin nahm die ihr neue Nachricht ziemlich gleichgültig auf.

»So, so, tot«, sagte sie, »das wußte ich noch gar nicht! Wir beide, die Fürstin Darja Petrowna und ich, wurden gleichzeitig zu Hofdamen ernannt, und als wir uns Ihrer Majestät vorstellten, da sagte die Kaiserin...«

Und die Gräfin erzählte ihrem Enkel zum hundertstenmal ein und dieselbe Anekdote.

»Nun, Paul«, sagte sie dann, »jetzt hilf mir beim Aufstehen. Lisanka, wo ist meine Schnupftabakdose?«

Die Alte verschwand mit ihren Zofen hinter einem Wandschirm, um dort ihre Toilette zu beenden. Tomskij blieb mit dem jungen Mädchen allein.

»Wen wollen Sie eigentlich vorstellen?« fragte Lisaweta Iwanowna leise.

»Narumow. Kennen Sie ihn?«

»Nein. Ist er Offizier oder Zivilist?«

»Offizier.«

»Pionier?«

»Nein, Kavallerist. Warum meinten Sie, daß er Pionier sei?«

Das Mädchen lachte und blieb die Antwort schuldig.

»Paul!« rief die Gräfin hinter dem Schirm. »Schick mir einen neuen Roman, aber um Gottes willen keinen von den ganz neuen.«

»Wie soll ich das verstehen, grandmaman?«

»Nun, einen solchen, wo der Held weder seinen Vater noch seine Mutter umbringt und keine Ertrunkenen vorkommen. Ich fürchte mich entsetzlich vor Ertrunkenen!«

»Wollen Sie nicht zur Abwechslung einen russischen?«

»Gibt es denn das überhaupt? Also gut, mein Lieber, schick mir einen russischen Roman!«

»Entschuldigen Sie, grandmaman, ich habe Eile... Auf Wiedersehen, Lisaweta Iwanowna! Warum glaubten Sie, daß Narumow Pionier sei?«

Und Tomskij verließ das Ankleidezimmer.

Lisaweta Iwanowna blieb allein zurück. Sie schob ihren Stickrahmen beiseite und sah zum Fenster hinaus. Gleich darauf bemerkte sie einen jungen Offizier, der auf der anderen Seite der Straße um die Ecke bog. Lisanka errötete, nahm ihre Handarbeit wieder vor und beugte den Kopf über den Stickrahmen. In diesem Augenblick erschien die Gräfin wieder, fertig angezogen.

»Laß anspannen, Lisa«, sagte sie, »wir wollen eine Spazierfahrt machen.«

Lisanka erhob sich und begann ihre Arbeit wegzuräumen.

»Was ist denn, bist du taub, meine Liebe?« schalt die Gräfin. »Beeile dich und bestell den Wagen!«

»Ich eile ja schon«, antwortete das Mädchen erschrocken und lief ins Vorzimmer.

Ein Diener kam und übergab der Gräfin einige Bücher vom Fürsten Paul Alexandrowitsch.

»Gut, ich lasse danken!« sagte die Gräfin. »Lisanka, Lisanka, wo läufst du denn hin?«

»Ich gehe mich anziehen.«

»Das hat doch noch Zeit, meine Liebe. Setz dich her und schlag den ersten Band auf. Lies vor...«

Das junge Mädchen kehrte um, nahm Platz und las einige Zeilen.

»Lauter!« sagte die Gräfin. »Was ist mit dir, hast du deine Stimme verloren?... Warte, schieb mir die Fußbank näher heran, noch näher...«

Lisaweta Iwanowna las zwei Seiten. Die Gräfin gähnte.

»Wirf das Buch weg«, sagte sie, »das ist ja alles Unsinn! Schick den Roman dem Fürsten Paul zurück, ich ließe ihm danken. Was ist mit dem Wagen?«

Lisaweta Iwanowna schaute zum Fenster hinaus.

»Er steht vor der Tür«, erwiderte sie.

»Warum bist du denn noch nicht angezogen?« herrschte die Gräfin sie an. »Immer muß man auf dich warten – das ist unerträglich, meine Liebe.«

Lisa lief in ihr Zimmer. Zwei Minuten später klingelte die Gräfin Sturm. Die drei Zofen stürzten herein, und durch eine andere Tür kam eiligst der Kammerdiener herbeigerannt.

»Wo bleibt ihr denn alle?« rief die Gräfin ihnen entgegen. »Richtet Lisaweta Iwanowna aus, daß ich auf sie warte!«

Lisanka kam in Hut und Mantel herein.

»Endlich, meine Liebe!« sagte die Gräfin. »Mein Gott, wie hast du dich herausgeputzt! Warum denn das? Wen willst du bestricken? Was haben wir für ein Wetter? Mir scheint, es ist windig.«

»Durchaus nicht, Euer Erlaucht, es ist ganz windstill«, antwortete der Kammerdiener.

»Ihr schwatzt immer ins Blaue hinein. Öffnet das

Fenster! Natürlich – ganz wie ich gesagt habe: es weht und ist eisigkalt! Bestellt den Wagen wieder ab! Lisanka, wir bleiben zu Hause, die ganze Toilettemacherei war umsonst.«

Das ist nun mein Leben, dachte Lisaweta Iwanowna, die in der Tat ein bemitleidenswertes Geschöpf war. Bitter schmeckt das Brot der Fremde, heißt es bei Dante, beschwerlich sind die Treppenstufen, die zu den Palästen der Reichen führen. Und wer wüßte von den Demütigungen der Abhängigkeit ein traurigeres Lied zu singen als die arme Pflegetochter einer alten, vornehmen und von der Gesellschaft verwöhnten Dame?

Die Gräfin... war von Natur keineswegs böse und herzlos, wohl aber launisch, geizig und egozentrisch, wie alle alten Leute, die in ihre Jugend verliebt sind und für die neue Zeit kein Verständnis haben. Dennoch nahm sie noch immer an dem eitlen Treiben der großen Welt teil und schleppte sich auf die Bälle, wo sie, rosig geschminkt und altmodisch herausgeputzt, als groteske und unvermeidliche Dekoration der Festsäle herumsaß. Die Gäste traten auf sie zu, begrüßten sie mit tiefen Verbeugungen, wie es sich gehörte, und dann beachtete sie kein Mensch mehr. Unter strengster Einhaltung des Zeremoniells empfing sie bei sich zu Hause die ganze Stadt, und dabei – erkannte sie fast niemanden. Die zahlreichen Dienstboten, die in den Vorzimmern und Mägdekammern fett und grau geworden waren, taten, was sie wollten, und bestahlen die Alte, wo sie nur konnten. Lisaweta Iwanowna war die Märtyrerin des Hauses. Sie hatte den Tee einzugießen und steckte dauernd Vorwürfe ein wegen zu hohen Zuckerverbrauchs. Sie mußte Romane vorlesen und wurde für die Fehler der Autoren verantwortlich gemacht. Sie begleitete die Gräfin auf ihren Spazierfahrten und war schuld, wenn das Wetter unfreundlich und das Straßenpflaster schlecht war. Obgleich der Lohn, der ihr zustand, niemals voll ausgezahlt wurde, verlangte man von ihr, daß sie so angezogen war wie alle, das heißt wie nur noch ganz wenige, und in der Gesellschaft spielte sie eine geradezu klägliche Rolle. Alle kannten sie, aber niemand nahm Notiz von ihr. Auf den Bällen wurde sie nur dann zum Tanz aufgefordert, wenn bei der Française ein Paar fehlte, und die Damen erinnerten sich ihrer bloß, wenn sie Hilfe im Ankleidezimmer brauchten, um ihre derangierten Toiletten wieder in Ordnung zu bringen. Dabei mangelte es Lisaweta Iwanowna nicht an Selbstbewußtsein. Sie litt darunter, daß sie übersehen wurde, wartete aber geduldig auf einen Freier, der sie aus ihrer mißlichen Lage retten würde. Doch die jungen Leute kümmerten sich nicht um sie, obwohl sie hundertmal hübscher und anziehender war als die gefallsüchtigen und koketten Mädchen, die sich von zudringlichen Mitgiftjägern den Hof machen ließen. Oft genug hatte Lisanka unbemerkt den prunkvollen und langweiligen Salon verlassen und bittere Tränen in ihrem dürftigen Stübchen geweint, dessen Einrichtung nur aus einem angestrichenen Bett, einem mit Papier beklebten Wandschirm, einem wackligen Tischchen, einer schäbigen Kommode, einem kleinen Spiegel und einem Messingleuchter mit einem düster schwelenden Talglicht bestand.

Einst – das ereignete sich zwei Tage nach dem Abend, der zu Beginn dieser Erzählung geschildert wurde, und etwa eine Woche vor der Szene, bei der wir stehengeblieben waren –, einst saß Lisaweta Iwanowna am Fenster. Als sie dabei einen Blick auf die Straße warf, bemerkte sie den jungen Pionieroffizier, der unbeweglich dastand und zu ihr hinaufschaute. Sie beugte sich über den Stickrahmen. Fünf Minuten später sah sie wieder hinaus – der junge Mann verweilte noch immer auf dem gleichen Fleck. Nicht gewöhnt, mit vorübergehenden Offizieren zu kokettieren, setzte sie ihre Arbeit fort und stickte noch etwa zwei Stunden, ohne ihren Kopf zu heben. Man rief sie zum Mittagessen. Sie stand auf und räumte ihre Sachen fort. Als sie dabei zufällig aus dem Fenster blickte, sah sie abermals den Offizier, der sich offenbar die ganze Zeit nicht von der Stelle gerührt hatte. Das überraschte sie und machte sie so sicher, daß sie nach dem Essen nochmals ans Fenster ging. Jetzt aber war der Offizier verschwunden, und sie beruhigte sich.

Zwei Tage später, als sie mit der Gräfin aus dem Hause trat, um mit der alten Dame im Wagen auszufahren, sah sie ihn wieder. Er stand in nächster Nähe des Portals und versteckte sein Gesicht im aufgeschlagenen Biberkragen seines Mantels. Seine schwarzen Augen funkelten unter dem Schirm der Mütze. Lisaweta Iwanowna erschrak, ohne zu wissen warum, und bebte vor Aufregung, als sie nach der Gräfin einstieg.

Nach Hause zurückgekehrt, eilte sie ans Fenster – der Offizier stand auf seinem alten Platz, die Augen auf sie gerichtet. Sie trat ins Zimmer zurück, geplagt von Neugier und erfüllt von Empfindungen, die ihr gänzlich neu waren.

Seitdem verging kein Tag, ohne daß der junge

Mann nicht zur gleichen Stunde unter den Fenstern des Hauses erschienen wäre. Zwischen ihm und ihr knüpften sich gewisse Beziehungen an. Wenn sie auf ihrem Arbeitsplatz saß, fühlte sie sein Kommen. Sie hob den Kopf und sah ihn von Tag zu Tag länger an, wofür er ihr dankbar zu sein schien. Mit dem scharfen Auge der Jugend bemerkte sie, daß sich jedesmal ein flüchtiges Rot auf seinen bleichen Wangen zeigte, wenn ihre Blicke sich trafen. Eine Woche später lächelte sie ihn bereits an...

Als Tomskij die Gräfin bat, ihr einen seiner Kameraden vorstellen zu dürfen, klopfte dem armen Mädchen das Herz. Aber nachdem sie erfahren hatte, daß Narumow nicht Pionier, sondern Gardechevalier war, bedauerte sie, ihr Geheimnis dem leichtsinnigen Tomskij verraten zu haben.

Hermann war der Sohn eines zum Russen gewordenen Deutschen, der ihm ein kleines Kapital hinterlassen hatte. Fest überzeugt von der Notwendigkeit, seine Unabhängigkeit zu sichern, rührte Hermann nicht einmal die Zinsen seines Vermögens an, sondern lebte ausschließlich von seinem Gehalt und gestattete sich nicht die geringsten Sonderausgaben. Im übrigen war er ehrgeizig und zurückhaltend und gab seinen Kameraden selten Gelegenheit, seine übermäßige Sparsamkeit zu verspotten. Sehr leidenschaftlich und mit einer ungewöhnlich starken Einbildungskraft ausgestattet, verfügte er doch gleichzeitig über eine Festigkeit, die ihn vor den gewöhnlichen Jugendverirrungen bewahrte. So zum Beispiel nahm er niemals eine Karte in die Hand, obgleich er eine ausgesprochene Spielernatur war, ganze Nächte am Kartentisch zubrachte und den Verlauf des Spieles mit fieberhaftem Interesse verfolgte.

Die Geschichte von den drei Karten hatte seine Phantasie lebhaft angeregt und die ganze Nacht über beschäftigt. Wie, dachte er, als er am nächsten Abend ruhelos in den Straßen Petersburgs umherlief, wie, wenn die alte Gräfin mir ihr Geheimnis enthüllen oder die drei Gewinnkarten nennen würde? Warum sollte ich dann nicht mein Glück versuchen? Ich müßte mich ihr vorstellen lassen, ihr Wohlwollen erringen, vielleicht sogar noch ihr Liebhaber werden! Aber das alles braucht Zeit, und sie ist siebenundachtzig, könnte also heute oder morgen sterben... Und die Geschichte selbst? Kann ich ihr Glauben schenken? Nein, ich kann es nicht! Meine drei Karten sind Berechnung, Selbstbeherrschung und Fleiß. Sie allein werden mein Kapital verdreifachen, ja versiebenfachen und mir Ruhe und Unabhängigkeit gewähren.

Mit Gedanken dieser Art beschäftigt, sah sich Hermann im Zentrum der Residenz vor einem Palais in klassizistischer Bauart. Die Straße war voll von eleganten Equipagen, die eine nach der andern an der hell beleuchteten Rampe des Gebäudes vorfuhren. Wenn die Türen der Kutschen geöffnet wurden, bemerkte man bald ein schmales Damenfüßchen in Seidenstrümpfen, bald lacklederne Diplomatenschuhe oder sporenklirrende Kavalleriestiefel sich vorstrekken und behutsam nach dem Wagentritt tasten. Die Gäste in kostbaren Pelzen und Mänteln eilten die Treppenstufen hinauf und verschwanden hinter dem gravitätischen Portier im Portal. Hermann blieb stehen und beobachtete dieses Schauspiel. Dann wandte er sich an den Polizisten an der Ecke.

»Wem gehört dieses Haus?«

»Der Gräfin...« antwortete der Polizist.

Hermann zuckte zusammen. Die erstaunliche Geschichte kam ihm von neuem in den Sinn. Er begann vor dem Palais auf und ab zu gehen und dachte über die Besitzerin des Hauses und ihre ungewöhnlichen Fähigkeiten nach. Spät kehrte er in seine anspruchslose Behausung zurück. Er lag lange wach, und als er endlich einschlief, sah er im Traum Karten, einen grünen Spieltisch, eine Menge gebündelter Banknoten und Berge von Goldmünzen. Er setzte eine Karte nach der andern, erhöhte entschlossen seine Einsätze, gewann unentwegt und füllte seine Taschen mit Goldstücken und Banknoten. Er schlief bis tief in den Tag, und als er erwachte, stöhnte er darüber, daß sein phantastischer Reichtum bloß geträumt war. Er ging aus, irrte wieder in der Stadt umher und geriet abermals vor das Haus der Gräfin... Es war, als zöge ihn eine rätselhafte Kraft dorthin. Er blieb vor dem Palais stehen und starrte zu den Fenstern hinauf. Hinter einem von ihnen bemerkte er ein schwarzes Köpfchen, über ein Buch oder eine Handarbeit gebeugt. Das Köpfchen hob sich, und Hermann sah ein frisches kleines Gesicht mit dunklen Augen. Dieser Augenblick entschied über sein Schicksal.

3

Vous m'écrivez, mon ange, des lettres de quatre pages plus vite que je ne puis les lire.

Aus einem Briefwechsel

Lisaweta Iwanowna hatte Hut und Pelerine kaum abgelegt, als die Gräfin abermals befahl, sie solle wieder anspannen lassen. Die beiden Damen begaben sich hinunter, um einzusteigen. Als zwei Lakaien die Alte in die Kutsche hoben, sah Lisanka dicht neben einem Wagenrad ihren Pionier. Er ergriff ihre Hand. Bevor sie ihren Schreck verwinden konnte, war der junge Mann bereits verschwunden, aber in ihrer Hand blieb ein Brief zurück. Sie schob ihn schnell in ihren Handschuh und hörte während der ganzen Dauer der Spazierfahrt nichts mehr. Die Gräfin hatte die Gewohnheit, unterwegs fortwährend Fragen zu stellen: »Wer ist uns begegnet?« – »Wie heißt diese Brücke?« – »Was steht dort auf dem Plakat?« – Lisaweta Iwanowna gab diesmal lauter konfuse Antworten, und die Gräfin war sehr ungehalten.

»Was ist dir zugestoßen, meine Liebe?« fragte sie ärgerlich. »Du bist ja wie vor den Kopf geschlagen –

paßt du nicht auf, oder begreifst du nicht, was ich sage? Gott sei Dank, ich drücke mich noch ganz verständlich aus und habe meine fünf Sinne beisammen!«

Lisaweta Iwanowna hörte nicht zu. Als sie wieder zu Hause waren, lief sie in ihre Kammer, zog den Brief aus dem Handschuh und las ihn schnell durch. Er enthielt eine zärtliche und zugleich ehrerbietige Liebeserklärung, die Wort für Wort einem deutschen Roman entnommen war. Aber da Lisaweta Iwanowna kein Deutsch konnte, hatte sie nichts an ihm auszusetzen und fand ihn sehr schön. Doch eines beunruhigte sie – daß sie den Brief entgegengenommen hatte. Zum erstenmal war sie damit heimlich in enge Beziehungen zu einem jungen Mann getreten. Seine Kühnheit erschreckte sie. Sie machte sich ihr unvorsichtiges Verhalten zum Vorwurf und wußte nicht, was sie jetzt zu tun hatte: sollte sie aufhören, am Fenster zu sitzen, und auf diese Weise dem jungen Mann zu verstehen geben, daß er sie nicht weiter verfolgen dürfe, sollte sie ihm einfach den Brief zurückschicken oder ihn kalt und abweisend beantworten? Sie hatte keine Freundin, keine Beraterin, überhaupt niemanden, mit dem sie sich aussprechen konnte. Lisaweta Iwanowna beschloß zu antworten.

Sie setzte sich an ihr Tischchen, griff zu Feder und Papier und überlegte. Wiederholt begann sie den Brief und zerriß ihn wieder. Bald schienen ihr die Ausdrücke zu nachsichtig, bald allzu grausam. Endlich gelangen ihr einige Zeilen, mit denen sie leidlich zufrieden war.

»Ich bin überzeugt«, schrieb sie, »daß Sie ehrenhafte Absichten haben und mich nicht durch eine unbesonnene Handlungsweise beleidigen wollten. Aber unsre Bekanntschaft hätte nicht auf diese Weise zustande kommen dürfen. Ich gebe Ihnen Ihren Brief zurück und hoffe, daß Sie mir in Zukunft keine Veranlassung geben werden, mich über eine unverdiente Mißachtung zu beklagen.«

Als Lisaweta Iwanowna am nächsten Tage Hermann kommen sah, schob sie ihren Stickrahmen beiseite, ging in den Saal nebenan, öffnete ein Klappfenster und warf den Brief auf die Straße. Hermann lief herbei, hob ihn auf und suchte eine Konditorei auf. Hier riß er den Umschlag auf und fand darin seinen eigenen Brief und die Antwort Lisaweta Iwanownas. Er hatte nichts anderes erwartet und ging nach Hause, ganz erfüllt von seiner Intrige.

Drei Tage später überbrachte eine jugendliche, gewitzte Mamsell aus einem Modegeschäft Lisaweta Iwanowna ein Schreiben. Lisanka öffnete ängstlich den Umschlag, in dem sie eine Rechnung zu finden glaubte, und erkannte Hermanns Handschrift.

»Sie, meine Beste, haben sich geirrt«, sagte sie zu der Überbringerin, »dieser Brief ist nicht für mich bestimmt.«

»Doch, gerade für Sie!« antwortete die Kleine naseweis mit einem verschlagenen Lächeln. »Lesen Sie doch nur, was da steht.«

Lisaweta Iwanowna überflog das Billett. Hermann forderte ein Stelldichein.

»Das ist ja nicht möglich!« rief Lisaweta Iwanowna aus, erschrocken über dieses Verlangen und die Art der Übermittlung. »Der Brief kann nicht an mich gerichtet sein.«

Und sie zerriß das Schreiben in kleine Stücke.

»Wenn er nicht für Sie ist, warum zerreißen Sie ihn dann?« sagte die Mamsell. »Ich an Ihrer Stelle hätte ihn dem Absender zurückgeschickt.«

»Bitte, meine Liebe«, erwiderte Lisaweta Iwanowna errötend, »bringen Sie mir in Zukunft keine solchen Briefchen mehr, und dem, der Sie geschickt hat, sagen Sie, er solle sich schämen...«

Aber Hermann ließ sich nicht abweisen. Es verging kein Tag, ohne daß er nicht Lisaweta Iwanowna auf diese oder jene Weise einen Brief in die Hände spielte. Und jetzt waren es keine Übersetzungen mehr aus dem Deutschen, sondern leidenschaftliche Ergüsse in Hermanns eigener Sprache, in denen alle seine heißen Wünsche und die ganze Wirrheit seiner zügellosen Phantasie zum Ausdruck kamen. Lisaweta Iwanowna dachte nicht mehr daran, ihm seine Briefe zurückzuschicken – sie berauschte sich an ihnen und ging auf sie ein. Ihre Antworten wurden von Tag zu Tag ausführlicher und gefühlvoller. Schließlich warf sie Hermann folgenden Brief durch das Klappfenster zu:

»Heute findet ein Ball bei dem... schen Botschafter statt. Die Gräfin nimmt teil. Wir werden kaum vor zwei Uhr nach Hause kommen – eine gute Gelegenheit für Sie, mich allein zu sehen. Sobald die Gräfin abgefahren ist, laufen die Dienstboten auseinander. Nur der Türsteher bleibt im Flur, zieht sich aber gewöhnlich in die Portiersloge zurück. Kommen Sie um halb zwölf. Gehen Sie einfach die Treppe hinauf. Sollten Sie jemanden im Vorzimmer finden, fragen Sie, ob die Gräfin zu Hause sei. Wenn man Ihre Frage verneint, ist nichts zu machen – Sie müssen wieder umkehren. Aber wahrscheinlich werden Sie niemandem begegnen. Die Dienstmädchen sitzen alle in einem entlegenen Zimmer. Vom Flur aus gehen Sie geradeaus, bis Sie ins Schlafzimmer der Gräfin gelangen. Dort werden Sie hinter den Wandschirmen zwei kleine Türen finden. Rechts geht es in ein Kabinett, das die Gräfin niemals betritt, und links in den Korridor, von dem aus eine schmale Wendeltreppe in mein Zimmer hinaufführt.«

Zitternd vor Erregung erwartete Hermann die angegebene Zeit. Schon um zehn Uhr abends stand er vor dem Haus der Gräfin. Es war ein elendes Wetter: der Wind heulte, der nasse Schnee, der in großen Flocken herabfiel, verdunkelte das Licht der Laternen, die Straßen waren menschenleer. Nur ab und zu tauchte eine Mietdroschke auf, deren Kutscher sich vergeblich nach einem verspäteten Fahrgast umsah. Obgleich Hermann in seiner Aufregung vergessen hatte, seinen Mantel anzuziehen, spürte er weder den Wind noch den Schnee. Endlich fuhr die Kutsche der Gräfin vor. Hermann sah, wie die Lakaien die gebeugte alte Dame, die in einen Zobelpelz gehüllt war, im Wagen unterbrachten. Dann folgte, mit frischen Blumen im Haar, ihre Pflegetochter in einer dünnen Pelerine. Die Wagentür wurde zugeschlagen, und die schwere Kutsche setzte sich in dem nassen Schnee langsam in Bewegung. Der Portier verschwand im Haus, und gleich darauf wurden die dunklen Fenstervorhänge im oberen Stock zugezogen. Hermann begann auf und ab zu gehen. Bei einer Laterne machte er halt und sah nach der Uhr: es war zwanzig Minuten nach elf. Er blieb unter der Laterne stehen und wartete, den Blick starr auf den Zeiger gerichtet, die nächsten zehn Minuten ab. Pünktlich um halb zwölf eilte er die Stufen des Palastes hinauf und in den hell erleuchteten Flur. Der Portier war nicht zu sehen. Hermann drang weiter vor: er stieg die innere Treppe empor, öffnete die Tür zum Vorzimmer und sah sich einem Diener gegenüber, der unter einer Lampe in einem alten Lehnstuhl schlief. Mit leisen, aber festen Schritten ging er an dem Schlafenden vorbei. Der große Saal und das Empfangszimmer waren vom Vorzimmer her nur schwach beleuchtet. Hermann durchquerte die beiden Räume und betrat das Schlafzimmer der Gräfin. Vor dem Ikonenschrank mit den alten Heiligenbildern glühte das Ewige Licht in einer kleinen Ampel. Verschossene Polstersessel und Ruhebänke mit zahllosen Sofakissen waren in langweiliger Symmetrie dicht an die Wandbekleidung gerückt, die aus einer kostbaren chinesischen Tapete bestand. Zwei in Paris von Madame Lebrun gemalte Porträts schmückten den Raum. Das eine stellte einen etwa vierzigjährigen Herrn dar, wohlbeleibt, mit rosigen Wangen und einem Ordensstern auf der hellgrünen Uniform; das andere eine junge Dame mit Adlernase, Löckchen an den Schläfen und einer Rose im Haar. Über das ganze Zimmer waren Schäfergruppen aus Porzellan, Standuhren aus der Werkstatt des berühmten Leroy, allerhand Körbchen, kleine Roulettes, Fächer und andere Spielereien verteilt, die zu Ende des vorigen Jahrhunderts zugleich mit dem Ballon des Montgolfier und dem Mesmerschen Magnetismus in Mode waren. Hermann begab sich hinter die Wandschirme. Hier fand er ein kleines eisernes Bett und die Türen zum Kabinett und zum Korridor. Er öffnete die letztere und warf einen Blick auf die Wendeltreppe, die zu Lisaweta Iwanownas Zimmer hinaufführte. Dann aber schloß er die Tür wieder und verschwand in dem dunklen unbenützten Kabinett.

Die Zeit verging langsam. Ringsum war es still. Im Salon schlug es zwölf, und dann folgten auch die Uhren in den anderen Räumen. Als sie verstummt waren, herrschte wiederum tiefe Stille. Hermann stand da, an den eiskalten Ofen gelehnt. Er war vollkommen ruhig. Sein Herz klopfte regelmäßig wie bei einem Menschen, der fest entschlossen ist, etwas Gefährliches, aber unbedingt Notwendiges zu tun. Er wartete. Es schlug eins, es schlug zwei – und jetzt plötzlich vernahm er fernes Räderrollen. Er wurde aufgeregt. Er hörte, wie die Kutsche vorfuhr und hielt und wie man den Wagentritt herunterklappte. Im Hause wurde es lebendig, Dienerschaft lief herbei, Stimmen wurden laut. Durch den Türspalt sah Hermann, wie die Gräfin, von drei alten Dienerinnen geführt, ins Schlafzimmer kam und, mehr tot als lebendig, in einen Voltaire-Sessel sank. Lisaweta Iwanowna ging hart an Hermann vorbei. Er vernahm ihre eiligen Schritte auf der Wendeltreppe. In seinem Inneren regte sich etwas wie Gewissensbisse. Aber es war nur eine schnell vorübergehende Empfindung.

Die Zofen begannen die Gräfin zu entkleiden. Man nahm ihr die mit Rosen verzierte Haube ab und entfernte dann die Perücke von ihrem grauen, kurz geschorenen Kopf. Ein Regen von Haarnadeln prasselte neben ihr aufs Parkett. Auch das gelbe, silbergestickte Seidenkleid fiel auf den Fußboden, so daß ihre geschwollenen Beine sichtbar wurden. Kurz, Hermann war Zeuge ihrer abstoßenden Toilettengeheimnisse. Als die Gräfin schließlich nur noch eine Spitzenhaube und eine Nachtjacke anhatte, die ihrer Greisenhaftigkeit mehr entsprachen als der Flitter, mit dem sie sich für den Ball geschmückt hatte, erschien sie nicht mehr ganz so grotesk und grausig.

Wie alle alten Leute litt sie an Schlaflosigkeit. In ihrem Nachtgewand nahm sie wieder im Voltaire-Sessel Platz und entließ ihre Dienerinnen. Diese nahmen die Kerzen mit hinaus. Das Zimmer wurde wie vorher nur noch von dem Öllämpchen beleuchtet, und in seinem trüben Licht schimmerte die runzlige Haut der Alten in fahlem Gelb. Mit herabhängender Unterlippe saß sie völlig erschöpft da und schwankte hin und her wie ein galvanisierter Leichnam.

Plötzlich ging mit dem maskenhaften Gesicht der Gräfin eine völlige Veränderung vor: die blutleeren Lippen strafften sich, und ihr starrer Blick belebte sich: vor ihr stand ein unbekannter junger Mann.

»Um Gottes willen, fürchten Sie nichts!« sagte der Fremde mit leiser, aber beschwörender Stimme. »Ich habe nicht die Absicht, Ihnen etwas Böses anzutun, sondern bin bloß gekommen, Sie um eine Gnade zu bitten.«

Die Greisin sah ihn schweigend an. Es schien, als hätte sie ihn gar nicht gehört. Hermann nahm an, daß sie schwerhörig sei, beugte sich über sie und wiederholte seine Worte dicht an ihrem Ohr. Die Alte blieb stumm.

»Von Ihnen«, fuhr Hermann fort, »hängt das Glück meines Lebens ab. Sie können mir dazu verhelfen, ohne daß es Sie etwas kostet. Ich weiß, daß Sie imstande sind, drei Gewinnkarten hintereinander zu erraten...«

Hermann unterbrach sich. Jetzt schien die Gräfin begriffen zu haben, was er von ihr verlangte. Offenbar suchte sie nach Worten, um ihm zu antworten.

»Es war nur ein Scherz«, sagte sie endlich, »ich schwöre es Ihnen, es war bloß ein Scherz!«

»Über solche Dinge scherzt man nicht!« entgegnete Hermann erbittert. »Erinnern Sie sich an Tschaplitzkij – ihm haben Sie geholfen, sein verlorenes Vermögen zurückzugewinnen.«

Die Gräfin geriet sichtlich in Verlegenheit. In ihren Gesichtszügen spiegelte sich ihre starke Gemütsbewegung wider, aber gleich darauf fiel sie in ihre stumpfe Gefühllosigkeit zurück.

»Wollen Sie«, fuhr Hermann fort, »mir die drei Gewinnkarten nennen?«

Die Gräfin schwieg.

Hermann sprach weiter: »Für wen hüten Sie ihr

Geheimnis? Für Ihre Enkel? Sie sind ohnehin reich genug, sie kennen nicht einmal den Wert des Geldes. Einem Verschwender nützen auch Ihre drei Karten nichts. Wer sein väterliches Erbe nicht zu erhalten weiß, wird trotz seinem Reichtum als Bettler sterben, dagegen sind selbst dämonische Kräfte machtlos. Ich aber bin kein Verschwender, ich weiß den Wert des Geldes zu schätzen. In meinen Händen sind Ihre drei Karten wohlaufgehoben. Nun, was sagen Sie dazu?«

Er machte eine Pause und wartete gespannt auf ihre Antwort. Die Gräfin sagte kein Wort.

Hermann fiel vor ihr auf die Knie.

»Wenn jemals«, fing er von neuem an, »Ihr Herz das Gefühl der Liebe gekannt hat, wenn Sie sich noch an Ihre Entzückungen erinnern, wenn Ihnen wenigstens ein einziges Mal die Stimme Ihres neugeborenen Sohnes ein Lächeln der Freude entlockt und sich jemals eine menschliche Empfindung in Ihrem Herzen gerührt hat, so beschwöre ich Ihre Gefühle als Gattin, als Geliebte, als Mutter und flehe Sie an bei allem, was uns Menschen heilig ist – schlagen Sie meine Bitte nicht ab, enthüllen Sie mir Ihr Geheimnis! Was kann es Ihnen noch nützen, da Sie doch alt sind und nicht mehr lange zu leben haben? Vielleicht ist Ihr Geheimnis mit einer furchtbaren Sünde verknüpft, mit dem Verzicht auf die ewige Seligkeit, erkauft durch einen Vertrag mit dem Teufel – ich bin bereit, Ihre Sünde auf mich zu nehmen. Nur verraten Sie mir das Geheimnis! Überlegen Sie doch, daß das Lebensglück eines Menschen von Ihnen abhängt, daß nicht nur ich selbst, sondern auch meine Kinder, meine Enkel und alle meine Nachkommen Ihr Andenken segnen und Sie wie eine Heilige verehren werden…«

Die Greisin blieb stumm.

Hermann stand auf.

»Alte Hexe!« sagte er und knirschte vor Wut mit den Zähnen. »So werde ich dich zwingen zu antworten…«

Mit diesen Worten zog er eine Pistole aus der Tasche.

Als die Gräfin die Waffe sah, malte sich abermals heftige Erregung in ihren Zügen. Sie bewegte den Kopf hin und her und hob abwehrend die Hände, als wollte sie sich vor dem Schuß schützen… Dann sackte sie zusammen und rührte kein Glied mehr.

»Machen Sie keine Geschichten«, sagte Hermann und ergriff ihre Hand. »Ich frage Sie zum letztenmal: Wollen Sie mir Ihre drei Karten nennen? Ja oder nein?«

Die Gräfin antwortete nicht.

Hermann sah, daß sie tot war.

4

7. Mai 18..
Homme sans moeurs et sans religion!
Aus einem Briefwechsel

Noch im Ballkleid saß Lisaweta Iwanowna in ihrem Zimmer. Sie war völlig ratlos. Nachdem sie mit der Gräfin nach Hause zurückgekehrt war, hatte sie der verschlafenen Zofe, die ihr verdrießlich ihre Dienste anbot, gesagt, daß sie beim Auskleiden keine Hilfe brauche, und das Mädchen fortgeschickt. Bebend vor Erregung war Lisaweta Iwanowna dann die Wendeltreppe hinaufgestiegen – halb in der Hoffnung, Hermann in ihrem Zimmer anzutreffen, halb mit dem Wunsch, ihn nicht vorzufinden. Sie öffnete die Tür und sah sogleich, daß er nicht da war. Ohne sich zu entkleiden, setzte sie sich hin und dachte alle

Umstände durch, die sie in so kurzer Zeit in diese bedenkliche Lage gebracht hatten. Es waren noch nicht drei Wochen vergangen, seit sie zum erstenmal den jungen Mann durchs Fenster gesehen hatte, und schon stand sie mit ihm im Briefwechsel, schon hatte er es fertiggebracht, ihre Einwilligung zu einer nächtlichen Begegnung zu erhalten! Sie kannte seinen Namen nur deshalb, weil einige seiner Briefe von ihm unterschrieben waren. Sie hatte bis zu diesem Abend noch nicht mit ihm gesprochen, noch nicht seine Stimme vernommen, ja noch nicht einmal etwas über ihn gehört... Und seltsam genug – ausgerechnet an diesem gleichen Abend geschah es auf dem Ball, daß Tomskij, verärgert durch das kühle Verhalten der jungen Prinzessin Pauline..., die entgegen ihrer Gewohnheit nicht mit ihm kokettierte, sich an ihr durch vorgetäuschte Gleichgültigkeit rächen wollte, indem er mit Lisaweta Iwanowna eine endlose Mazurka tanzte. Die ganze Zeit über machte er sich lustig über ihre Vorliebe für Pionieroffiziere, versicherte, er wisse viel mehr darüber, als sie annehme, und einige seiner scherzhaften Bemerkungen trafen so ins Schwarze, daß Lisaweta Iwanowna sich wiederholt fragte, ob er ihr Geheimnis nicht wirklich erfahren habe.

»Von wem wissen Sie denn das alles?« fragte sie lachend.

»Von einem Freunde der Ihnen bekannten Person, einem sehr bemerkenswerten Menschen«, erwiderte Tomskij.

»Wer ist denn dieser bemerkenswerte Mensch?«

»Er heißt Hermann.«

Lisaweta Iwanowna antwortete nichts, aber ihre Hände und Füße wurden kalt wie Eis...

»Dieser Hermann«, fuhr Tomskij fort, »ist eine regelrechte Romanfigur mit dem Profil Napoleons und der Seele des Mephistopheles. Ich bin überzeugt, daß er mindestens drei schwere Verbrechen begangen hat. Aber was ist Ihnen, Sie sind ja plötzlich ganz bleich geworden?«

»Ich habe Kopfweh... Was hat Ihnen denn dieser Hermann – oder wie heißt er doch gleich – gesagt?«

»Hermann ist sehr unzufrieden mit seinem Freunde. Er sagt, an seiner Stelle wäre er ganz anders vorgegangen... Übrigens vermute ich, daß Hermann selbst sich ebenfalls für Sie interessiert, denn er kann die Liebesgeständnisse seines Kameraden nicht gleichgültig anhören.«

»Wo hat er mich denn gesehen?«

»Möglicherweise in der Kirche, auf der Spazierfahrt oder vielleicht sogar in Ihrem Zimmer, während Sie schliefen. Gott weiß, wo er Sie...«

In diesem Augenblick traten drei Damen mit den Fragen »oublie ou regret« an sie heran und unterbrachen das Gespräch, das Lisaweta Iwanownas Neugier immer mehr reizte, obgleich es sie auf die Folter spannte.

Die Dame, die Tomskij wählte, war die Prinzessin Pauline. Sie zog den Tanz in die Länge und gewann so Zeit, sich mit ihm auszusprechen. Als Tomskij auf seinen Platz zurückgekehrt war, dachte er weder an Hermann noch an Lisaweta Iwanowna mehr. Diese wollte das Gespräch wiederaufnehmen, aber es kam nicht mehr dazu, weil die alte Gräfin zum Aufbruch mahnte.

Das, was Tomskij gesagt hatte, war in Wirklichkeit nichts anderes gewesen als ein belangloses Ballgeschwätz, doch hatten seine Worte bei Lisaweta Iwanowna einen starken und nachhaltigen Eindruck hinterlassen. Die von Tomskij gezeichnete Männergestalt entsprach ganz dem Bild, das sie sich selbst gemacht hatte und das sie abstieß, zugleich aber auch mächtig anzog, obwohl es von den neuesten Romanen schon reichlich banalisiert worden war. Vollkommen im Bann dieses Phantasiegebildes, saß sie mit gekreuzten Armen da, den noch mit Blumen geschmückten Kopf auf die entblößte Brust geneigt. Plötzlich öffnete sich die Tür, und Hermann trat ein. Sie fuhr zusammen...

»Wo sind Sie gewesen?« flüsterte sie erschrokken.

»Im Schlafzimmer der Gräfin«, antwortete Hermann. »Die alte Dame ist tot.«

»Mein Gott, was sagen Sie da?«

»Und es scheint«, fuhr Hermann fort, »daß ich die Ursache ihres Todes bin.«

Lisaweta Iwanowna starrte ihn an, und ihr fielen die Worte Tomskijs ein: »Dieser Mensch hat mindestens drei Verbrechen begangen.« Hermann setzte sich vor Lisaweta Iwanowna auf das Fensterbrett und erzählte ihr alles.

Sie hörte ihn mit Entsetzen an. Somit hatten seine leidenschaftlichen Briefe, sein glühendes Begehren und die anmaßende und zähe Art, wie er sie verfolgte, nicht das geringste mit Liebe zu tun! Geld, nichts als Geld – das allein war es, wonach seine Seele dürstete! Nicht sie war das Ziel seiner Wünsche, nicht in ihr sah er das Glück seines Lebens! Sie, die arme Pflegetochter, war also nichts anderes gewesen als das blinde Werkzeug eines

Räubers, des Mörders ihrer alten Wohltäterin... Sie weinte bitterlich in verspäteter, qualvoller Reue.

Hermann sah sie schweigend an. Auch er war schmerzerfüllt, aber was sein kaltes Herz bewegte, waren nicht etwa die Tränen des armen Mädchens, war nicht der rührende Ausdruck ihres Kummers. Er empfand auch keinerlei Gewissensbisse beim Gedanken an die tote Greisin. Ihn quälte nur eines: die endgültige Gewißheit, daß er nicht in den Besitz jenes Geheimnisses gelangen würde, von dem er sich einen märchenhaften Reichtum erhofft hatte.

»Sie sind ein Ungeheuer!« sagte Lisaweta Iwanowna schließlich.

»Ich habe ihren Tod nicht gewollt«, erwiderte Hermann, »meine Pistole war ungeladen.«

Dann schwiegen sie beide.

Der Morgen dämmerte. Lisaweta Iwanowna löschte die heruntergebrannte Kerze aus. Bleiches Tageslicht drang ins Zimmer. Sie trocknete ihre Tränen und sah Hermann an. Er saß auf dem Fensterbrett mit gekreuzten Armen und finstrem Gesicht. In dieser Haltung glich er tatsächlich Napoleon. Diese Ähnlichkeit drängte sich auch Lisaweta Iwanowna auf.

»Auf welchem Wege werden Sie jetzt das Haus

verlassen?« fragte Lisaweta Iwanowna. »Ich dachte daran, Sie über eine Geheimtreppe auf die Straße hinauszuführen, aber zu diesem Zweck müßten wir am Sterbezimmer vorbei, und ich fürchte mich.«

»Erklären Sie mir, wie ich zu dieser Treppe gelange, dann gehe ich allein«, sagte Hermann.

Lisaweta Iwanowna erhob sich, entnahm ihrer Kommode einen Schlüssel, übergab ihn Hermann und beschrieb ihm genau den Weg. Hermann drückte ihre kalte, schlaffe Hand, küßte ihren gesenkten Kopf und eilte hinaus.

Er ging die Wendeltreppe hinab und betrat noch einmal das Schlafzimmer der Gräfin. Die Tote lag im Stuhl, als wäre sie versteinert. Ihr Gesicht drückte tiefen Frieden aus. Hermann blieb vor ihr stehen und sah sie lange an, wie um sich von der schrecklichen Gewißheit zu überzeugen. Dann begab er sich ins dunkle Kabinett, tastete sich an der Wand entlang bis zu der von Lisaweta Iwanowna bezeichneten Tapetentür und stieg, von seltsamen Empfindungen erfüllt, die finstere Treppe hinunter. Über diese Stufen, dachte er, schlich vielleicht vor sechzig Jahren um die gleiche Stunde ins gleiche Schlafzimmer ein glücklicher Galan in gesticktem Rock, den Dreispitz ans Herz gedrückt und à l'oiseau royal frisiert. Sicherlich ist er längst in seinem Grab verwest und vermodert, das Herz seiner uralten Geliebten aber hat erst heute zu schlagen aufgehört...

Am Fuß der Treppe fand Hermann eine Tür. Er sperrte sie mit dem Schlüssel auf und gelangte über einen zugigen Korridor ins Freie.

5

> In dieser Nacht erschien mir die verstorbene Baronin W... Sie war ganz in Weiß gekleidet und sagte zu mir: »Guten Tag. Herr Rat!«
>
> *Swedenborg*

Drei Tage nach dieser schicksalhaften Nacht begab sich Hermann um neun Uhr früh in das... sche Kloster, wo die Totenmesse für die verstorbene Gräfin stattfinden sollte. Wenn er auch nichts bereute, so konnte er doch die Stimme seines Gewissens nicht ganz unterdrücken, die ihm immer wieder zurief: Du bist der Mörder der Greisin! Ohne echten Glauben, hatte er doch viele Vorurteile. So war er fest überzeugt, daß die tote Gräfin einen unheilvollen

Einfluß auf sein Leben ausüben konnte. Er beschloß daher, zu ihrer Beerdigung zu gehen und sie um Vergebung zu bitten.

Die Klosterkirche war überfüllt. Nur mit Mühe gelang es Hermann, durch die Volksmenge vorzudringen. Der Sarg stand auf einem prunkvollen Katafalk unter einem samtenen Baldachin. In einem weißseidenen Kleid und mit einer Spitzenhaube lag die Tote da, die Hände auf der Brust gefaltet. Um den Sarg herum standen ihre Dienstboten. Die Lakaien hatten schwarze Röcke an mit wappengeschmückten Bändern an den Schultern; sie trugen Wachskerzen in den Händen. Die Kinder, Enkel und Urenkel waren in tiefer Trauer. Niemand weinte – Tränen hätten wie »une affectation« gewirkt. Die Gräfin war ja so uralt geworden, daß ihr Tod keine Überraschung mehr hatte sein können und daß ihre Anverwandten in ihr eigentlich schon längst eine Abgeschiedene gesehen hatten. Ein junger Bischof hielt die Grabrede. In schlichten, ergreifenden Ausdrücken schilderte er das friedliche Verlöschen der Seligen, die viele Jahrzehnte in stiller, demütiger Vorbereitung auf ein wahrhaft christliches Ende verbracht habe. »Der Engel des Todes«, so sagte der Redner, »nahm sie bei der Hand, als sie wachend in frommen Betrachtungen auf den mitternächtlichen Bräutigam wartete.« Der Trauergottesdienst verlief in den würdigsten Formen. Als erste traten die Anverwandten an den Sarg, um von der Toten Abschied zu nehmen. Ihnen folgten die zahlreichen Trauergäste, die erschienen waren, um der die letzte Ehre zu erweisen, die noch vor kurzem an ihren leichtfertigen Vergnügungen teilgenommen hatte. Dann kam das Hausgesinde. Den Schluß machte die hochbetagte Haushälterin, eine Altersgenossin der Verstorbenen. Zwei junge Mädchen führten und stützten die Greisin, die nicht mehr die Kraft hatte, sich vor dem Sarg zu verneigen. Sie allein vergoß einige Tränen, nachdem sie die erstarrte Hand ihrer ehemaligen Herrin geküßt hatte.

Nach ihr entschloß sich auch Hermann, an den offenen Sarg zu treten. Er warf sich nieder und lag einige Minuten auf dem eiskalten, mit Tannenzweigen bestreuten Fußboden. Dann stand er wieder auf, ebenso bleich wie die Tote, stieg die Stufen zum Katafalk hinauf und verbeugte sich... In diesem Augenblick glaubte er zu bemerken, daß die Verstorbene ihm mit einem Auge höhnisch zuzwinkerte. Hermann wich erschrocken zurück, stolperte und schlug lang hin. Man hob ihn auf. Gleichzeitig wurde die plötzlich ohnmächtig gewordene Lisaweta Iwanowna aus der Kirche getragen. Durch diese Vorfälle wurde die düstere Feierlichkeit für kurze Zeit empfindlich gestört. In der Trauergemeinde machte sich deutlicher Unwille bemerkbar, und ein hagerer Kammerherr, der zu der nächsten Verwandtschaft der Verstorbenen gehörte, flüsterte einem dicht neben ihm stehenden Engländer ins Ohr, der junge Offizier sei ein unehelicher Sohn der alten Gräfin, was der Brite mit einem kühlen »Oh!« beantwortete.

Den ganzen Tag über befand sich Hermann in großer Unruhe. Er nahm sein Mittagessen in einem entlegenen Wirtshaus ein und trank dabei seiner Gewohnheit zuwider sehr viel, um seine Aufregung zu betäuben. Aber der Wein erhitzte seine Phantasie nur noch mehr. Nach Hause zurückgekehrt, warf er sich unausgekleidet auf sein Bett und versank sogleich in einen tiefen Schlaf.

In der Nacht erwachte er. Der Mond schien ins Zimmer. Er sah nach der Uhr: es war ein Viertel vor drei. Er setzte sich im Bett auf. Während er sich in Gedanken mit der alten Gräfin und ihrer Beerdigung beschäftigte, schaute jemand durchs Fenster zu ihm herein und verschwand wieder. Hermann bemerkte es nicht. Gleich darauf vernahm er, wie die Tür zum

Nebenzimmer geöffnet wurde. Er vermutete, es sei sein Bursche, der, betrunken wie gewöhnlich, von einem nächtlichen Gelage nach Hause kam. Doch jetzt hörte Hermann sonderbare Schritte: jemand schien in Pantoffeln durchs Zimmer zu schleichen. Plötzlich sprang die Tür auf, und eine weißgekleidete Frau trat herein. Er glaubte in ihr seine alte Amme zu erkennen. Aber was wollte sie zu dieser ungewöhnlichen Zeit von ihm? Die weiße Frau glitt leise über den Fußboden und stand jetzt dicht vor ihm – es war die verstorbene Gräfin!

»Ich bin gegen meinen Willen zu dir gekommen«, redete sie Hermann mit halblauter, aber fester Stimme an. »Man hat mir befohlen, deine Bitte zu erfüllen. Drei, Sieben und As sind deine Gewinnkarten… Ich nenne sie dir unter zwei Voraussetzungen: du darfst lediglich an drei Tagen spielen und jedesmal bloß auf eine der drei Karten setzen. Tust du das, wirst du gewinnen, aber auch nur dann, wenn du später niemals wieder eine Spielkarte anrührst. Meinen Tod vergeb ich dir, wenn du meine Pflegetochter Lisaweta Iwanowna heiratest…«

Nach diesen Worten kehrte sie um, schlich auf leisen Sohlen zur Tür und war im Nebenzimmer verschwunden. Hermann hörte nur noch die Wohnungstür zuschlagen und sah einen Augenblick später einen Schatten, der an seinem Fenster vorbeistrich.

Es dauerte eine ganze Weile, bis er seine Fassung wiedergewann. Er ging ins andere Zimmer. Der Bursche schlief auf dem Fußboden. Hermann hatte Mühe, ihn aufzuwecken, da er, wie immer, betrunken war: er hatte nichts gehört und nichts gesehen. Die Außentür erwies sich als verschlossen. Hermann kehrte in sein Schlafzimmer zurück, zündete eine Kerze an und brachte dieses gespenstische Erlebnis zu Papier.

6

»Attendez!«
»Wie können Sie es wagen, zu mir attendez zu sagen?«
»Verzeihen Sie, Exzellenz, ich sagte attendez.«

Wie im Reich der Materie zwei Körper nicht imstande sind, ein und denselben Raum einzunehmen, so können auch zwei fixe Ideen nicht gleichzeitig die Gedankenwelt eines Menschen ganz beherrschen.

Diesem Naturgesetz entsprechend, hatten auch die Karten Drei, Sieben und As die Gestalt der toten Gräfin schon bald aus Hermanns Phantasie völlig verdrängt. Drei, Sieben und As gingen ihm nicht aus dem Kopf und wichen nicht mehr von seinen Lippen.

Wenn er ein frisches junges Mädchen erblickte, sagte er: »Wie hübsch und rosig sie ist – die reine Cœur-Drei!« Fragte man ihn, wieviel Uhr es sei, antwortete er, ohne sich auch nur einen Augenblick zu besinnen: »In fünf Minuten Treff-Sieben.« Beim Anblick eines gut genährten Mannes, dem man den Wohlstand ansah, dachte er sogleich ans As. Die Karten Drei, Sieben und As verfolgten ihn sogar im Schlaf, und zwar in verschiedenartiger Gestalt: die Drei erblühte vor seinen Augen wie eine riesige Wunderblume, die Sieben nahm die Form eines gotischen Kirchenportals an, und das As kroch ihm als dicke, vollgefressene Spinne entgegen. Alle Gedanken flossen zu einem einzigen zusammen: Wie nütze ich am vorteilhaftesten mein Geheimnis aus, das mich so teuer zu stehen gekommen ist? Er fragte sich, ob er nicht den Abschied nehmen und auf Reisen gehen solle, um zum Beispiel in den Pariser Spielkasinos der zu seinen Gunsten verzauberten Fortuna den Schatz zu entlocken. Doch zufällig bot sich ihm eine Gelegenheit, durch die sich alle diese Überlegungen erübrigten.

In Moskau gab es eine Vereinigung reicher Spieler; ihr Vorsitzender war der bekannte Tschekalinskij, der sein ganzes Leben am Kartentisch verbrachte. Er hatte Millionen dadurch erworben, daß er Bargeld setzte und Wechsel gewann. Seine langjährige Erfahrung sicherte ihm das Vertrauen der Vereinsmitglieder, und sein gastliches Haus, sein vorzüglicher Koch, seine liebenswürdigen Umgangsformen und sein heiteres Wesen verhalfen ihm zu einer geachteten Stellung in der Gesellschaft. Eines Tages erschien er in Petersburg. Die Jugend scharte sich um ihn und fand mehr Gefallen an den Karten als an den Bällen. Den galanten Vergnügungen zog man die Versuchungen des Glücksspiels vor. Narumow führte Hermann bei Tschekalinskij ein.

Die beiden durchschritten eine Reihe prachtvoll eingerichteter Salons voller dienstbeflissener Lakaien. Einige Generäle und Geheimräte spielten Whist. Junge Leute machten es sich auf Sofas mit Seidenbezügen bequem, aßen Eis und zogen an ihren Pfeifen. An einem langen Tisch im Saal, den etwa zwanzig Spieler umdrängten, saß der Herr des Hauses und hielt die Bank. Er war ungefähr sechzig Jahre alt und sah sehr achtbar und gediegen aus. Sein Haar war leicht angegraut. Sein volles, frisches Gesicht strahlte vor Jovialität und Gutmütigkeit, seine Augen blitzten, und seine Lippen umspielte ein freundliches Lächeln. Narumow stellte ihm Hermann vor. Tschekalinskij hieß ihn mit einem kameradschaftlichen Händedruck willkommen, bat ihn, sich wie zu Hause zu fühlen, und fuhr im Spiel fort.

Die Partie dauerte lange. Auf dem Tisch lagen mehr als dreißig Karten. Jedesmal, wenn Karten aufgedeckt wurden, legte Tschekalinskij eine Pause ein, um den Spielern Zeit zu lassen, neu zu disponieren, schrieb die Verluste an, ging entgegenkommend auf Wünsche ein und strich noch entgegenkommender hier und da die Ecke einer Karte glatt, die lediglich aus »Zerstreutheit« gezinkt worden war. Als die Partie zu Ende war, mischte er wieder und hielt von neuem die Bank.

»Erlauben Sie, daß ich mich ebenfalls mit einem Einsatz beteilige«, sagte Hermann und drängte sich neben einem Herrn durch, der schon pointiert hatte. Tschekalinskij lächelte und verbeugte sich leicht zum Zeichen seines ergebenen Einverständnisses. Narumow lachte, gratulierte Hermann zum Vericht auf seine bisherige Enthaltsamkeit vom Kar-enspiel und wünschte ihm einen erfolgreichen Start.

»Hier, bitte!« sagte Hermann und notierte mit Kreide den Einsatz auf seiner Karte.

»Wieviel?« fragte der Bankhalter mit gerunzelter tirn. »Entschuldigen Sie, ich kann die Zahl nicht esen.«

»Siebenundvierzigtausend«, antwortete Her-nann.

Bei diesen Worten wandten sich ihm mit einem-nal sämtliche Köpfe zu, und alle Augen richteten ich auf ihn. Er hat den Verstand verloren, dachte Narumow.

»Gestatten Sie mir zu bemerken«, sagte Tscheka-inskij mit eingefrorenem Lächeln, »Sie spielen sehr ioch. Mehr als zweihundertfünfundsiebzig hat bei nir noch niemand auf eine Karte gesetzt.«

»Hat nichts zu sagen«, entgegnete Hermann, »sind Sie bereit oder nicht?«

Tschekalinskij bejahte, indem er sich abermals iöflich verneigte. »Ich wollte Sie bloß darauf auf-nerksam machen«, sagte er, »daß ich mit Rücksicht iuf das Vertrauen, das mir meine Freunde entgegen-oringen, nur Einsätze in barem Geld annehmen kann. Was mich selbst betrifft, so bin ich natürlich überzeugt, daß Ihr Wort genügt, aber nach unsern Spielregeln und im Interesse einer reibungslosen Abrechnung muß ich Sie ersuchen, das Geld auf den Tisch zu legen.«

Hermann zog die entsprechenden Banknoten, die sein ganzes ererbtes Vermögen ausmachten, aus der Brusttasche und reichte sie Tschekalinskij hinüber. Dieser zählte die Scheine und fügte sie Hermanns Karte bei.

Dann teilte er seine Karten aus. Nach rechts fiel eine Neun, nach links eine Drei.

Hermann deckte seine Karte auf und rief: »Die Drei hat gewonnen!«

Die Erregung im Saal äußerte sich in einem vernehmlichen Gemurmel. Tschekalinskijs Gesicht verfinsterte sich, doch gleich darauf kehrte sein gewohntes Lächeln wieder zurück.

»Wünschen Sie sofortige Auszahlung Ihres Gewinns?« fragte er.

»Ich bitte darum«, sagte Hermann.

Tschekalinskij zog ein Bündel Banknoten aus der Tasche und rechnete ab. Hermann nahm die Summe entgegen und verließ den Tisch. Narumow hatte es die Rede verschlagen. Hermann leerte ein Glas Limonade und begab sich nach Hause.

Am folgenden Abend erschien er abermals bei Tschekalinskij. Dieser hielt wiederum die Bank. Hermann trat an den Tisch. Man machte ihm sogleich Platz. Der Hausherr begrüßte ihn mit einer höflichen Neigung des Kopfes.

Hermann wartete das Ende des noch im Gang befindlichen Spieles ab. Dann setzte er seine siebenundvierzigtausend und den gestrigen Gewinn dazu.

Tschekalinskij teilte aus. Rechts fiel ein Bube, links eine Sieben.

Hermann deckte eine Sieben auf. Die Zuschauer staunten. Tschekalinskij war sichtlich verwirrt, als er vierundneunzigtausend zusammenzählte und dem Gewinner hinschob. Dieser steckte die große Summe gelassen ein und entfernte sich.

Am dritten Abend stellte Hermann sich wieder ein. Man war sehr gespannt. Die Generäle und Geheimräte unterbrachen ihre Whistpartien, um dem ungewöhnlichen Spiel zuzuschauen. Die jungen Leute sprangen von ihren Sofas und Polstersesseln auf, und auch die Lakaien versammelten sich im Saal. Alles umdrängte Hermann. Außer ihm setzte niemand – jeder wollte sehen, wie die Sache ausgehen würde.

Hermann trat an den Tisch heran, bereit, als einziger gegen den bleichen, aber immer noch lächelnden Hausherrn zu setzen. Man riß die Umschläge von den Kartenspielen, und Tschekalinskij mischte. Hermann hob ab. Dann zog er seine Karte und bedeckte sie mit einem Haufen Banknoten. Der ganze Vorgang erinnerte lebhaft an die Vorbereitungen zu einem Duell. Tiefe Stille herrschte im Saal.

Mit zitternden Händen gab Tschekalinskij. Rechts fiel eine Dame, links ein As.

»Das As gewinnt!« sagte Hermann und deckte seine Karte auf.

»Ihre Dame ist geschlagen«, antwortete Tschekalinskij verbindlich.

Wie vom Blitz getroffen, fuhr Hermann zusammen: wahrhaftig, statt eines Asses hielt er eine Pique-Dame in der Hand! Er traute seinen Augen nicht – wie war es nur möglich, daß er sich so hatte vergreifen können?

In diesem Augenblick glaubte er zu bemerken, daß die Pique-Dame ihm mit einem schadenfrohen Lächeln zuzwinkerte. Eine überraschende Ähnlichkeit machte ihn betroffen...

»Die Alte!« schrie er plötzlich außer sich.

Tschekalinskij zog die von ihm gewonnenen Banknoten zu sich herüber. Hermann stand eine

Weile wie erstarrt da. Als er sich aufraffte und dem Tisch den Rücken kehrte, setzte hinter ihm lautes Stimmengewirr ein.

»Glänzend pointiert!« riefen einige Spieler dem Hausherrn zu, der bereits wieder die Karten mischte. Das Spiel ging weiter.

Hermann verlor den Verstand und wurde im Obuchow-Hospital interniert. Hier verbringt er jetzt seine Tage, antwortet auf keine Frage, sondern murmelt nur immer pausenlos vor sich hin: »Drei, Sieben, As! Drei, Sieben, Dame!«

Lisaweta Iwanowna hat einen liebenswerten Beamten geheiratet, der über ein ansehnliches Kapital verfügt. Er ist der Sohn des ehemaligen Vermögensverwalters der alten Gräfin. Lisaweta Iwanowna hat eine arme Verwandte als Pflegetochter zu sich ins Haus genommen...

Tomskij ist zum Rittmeister avanciert und wird demnächst die Prinzessin Pauline als Gattin heimführen.

Alexander Puschkin (1799–1837), der einem alten Adelsgeschlecht entstammte, war der große Dichter der russischen Romantik und von überragender Bedeutung für die Entwicklung einer Literatursprache Rußlands. Als er achtunddreißigjährig an den Folgen eines Duells starb, hinterließ er nicht nur seine berühmten Dramen ›Eugen Onegin‹ und ›Boris Godunov‹, sondern zahlreiche lyrische und erzählerische Meisterwerke. Wie sein Leben werden sie geprägt von Liebe, Eifersucht und Enttäuschung, von starken Emotionen und Leidenschaften.

In der unheimlichen Erzählung ›Pique Dame‹ (1833) wird dem Helden Hermann nicht die Liebe zum Verhängnis, sondern die Spielleidenschaft. In seiner Gier nach Geld versucht der Offizier einer alten Gräfin das Geheimnis der drei vermeintlich immer gewinnenden Karten zu entreißen. Skrupellos wirbt er um ihre arme Pflegetochter, mißbraucht sie als Mittel, um zum Ziel zu gelangen. Aber Tote rächen sich …

Johann Wolfgang von Goethe
im dtv

Aller Anfang ist heiter
Ein Goethe-Brevier
Herausgegeben von
Heinz Friedrich
dtv 2285

Faust
Erster und zweiter Teil
dtv 2074

Wilhelm Meisters Lehrjahre
dtv 2026

Die Leiden
des jungen Werther
dtv 2048

Die Wahlverwandtschaften
dtv 2067

Italienische Reise
dtv 2200

Werke
Hamburger Ausgabe
in 14 Bänden
Herausgegeben von
Erich Trunz
dtv 5986

Goethes Briefe und
Briefe an Goethe
Hamburger Ausgabe
in 6 Bänden
Herausgegeben von
Karl Robert Mandelkow
und Bodo Morawe
dtv 5917

Goethes Werke
Nachtragsbände zur
Weimarer Ausgabe
IV. Abteilung-Briefe
Herausgegeben von
Paul Raabe
3 Bände
dtv 5911
gebunden: dtv 6131-6133

dtv

Die Taschenbibliothek

Christa Wolf
Kein Ort. Nirgends · dtv 8321

C. G. Jung
Vom Wesen der Träume · dtv 8322

Italo Calvino
Der geteilte Visconte · dtv 8323

George Sand
Pauline · dtv 8324

Marlen Haushofer
Wir töten Stella · dtv 8325

Auf einen Atemzug. Haiku
dtv 8326

Peter Härtling
Die dreifache Maria · dtv 8327

Graham Greene
Heirate nie in Monte Carlo
dtv 8328

Herbert Rosendorfer
Die springenden Alleebäume
dtv 8329

Guy de Maupassant
Geschichte einer Magd · dtv 8330

Tessa de Loo
Schönheit, komm, der Tag ist hal
vergangen · dtv 8331

Robert Louis Stevenson
Der seltsame Fall des Dr. Jekyll
und Mr. Hyde · dtv 8332

Camille Paglia
Sexualität und Gewalt · dtv 8333

Konrad Lorenz
Hundstage · dtv 8334

Alexander Puschkin
Pique-Dame · dtv 8335

Penelope Lively
Die lange Nacht in Abu Simbel
dtv 8336

Aristoteles
Von der Seele · dtv 8337

Charles Bukowski
Ein teuflischer Weiberheld
dtv 8338

Theodor Storm
Immensee · dtv 8339

J. R. R. Tolkien
Tuor und seine Ankunft in
Gondolin · dtv 8340